Marion Dawidowski

Fensterbilder Bunter Herbst

CREATIV COMPACT

CHRISTOPHORUS

Inhalt

Farbenfroher Herbst

Herbstzeit ist Erntezeit, die Tage werden wieder kürzer. Fleißig sammeln die Eichhörnchen und Mäuse Vorräte für den Winter. Der Igel hat schon eine ganze Karre voll leckerer Äpfel gepackt und die Weinlese der Wichtel verspricht einen guten Jahrgang. Aber auch für Späße bleibt genügend Zeit: Das Schweinchen hüpft durch die Regenpfütze, die Kinder lassen Drachen steigen und ein Wichtel reitet auf einem Kastanienpferd.

Kantenhocker, Girlanden und Stecker für die Gardinen ergänzen die Fensterbilder oder Drehfiguren.

Alle Motive sind leicht nachzuarbeiten. Aus Tonkarton, aktuellen Motivkartons und Transparentpapieren entstehen herbstlich bunte Motive für die ganze Familie.

Eine schöne Herbstzeit wünscht Ihnen

M. Dawidowski

Material & Hilfsmittel

Material

Für alle Motive ist das Grundmaterial Tonkarton (220 g/qm) in verschiedenen Farben. Zudem benötigen Sie Motivkarton (200 g/qm), Transparentpapier und geprägtes Naturpapier. Mit Wellpappe erscheinen die Motive dreidimensional. Auch Regenbogentonkarton mit seinen Farbverläufen ist sehr reizvoll. Besonders empfehlenswert sind Mappen mit Regenbogenpapier und -karton in Herbstfarben. Zur Ausgestaltung der Motive können Zierdrähte, Knöpfe, Perlen, kleine Zweige und Bänder verwendet werden. Die genauen Materialangaben entnehmen Sie der jeweiligen Anleitung. Alle Materialien sind im Schreibwarenhandel oder Hobbyfachhandel erhältlich.

Hilfsmittel

Zum Übertragen der Vorlagen Transparentpapier, einen Bleistift und eventuell Kopierpapier verwenden. Eine Schere wird zum Ausschneiden der Motivelemente benötigt. Für enge Kurven ist eine Nagelschere, bei Innenschnitten ein Cutter hilfreich. Die beschriebenen Hilfsmittel werden immer benötigt und daher in den einzelnen Materiallisten nicht mehr extra aufgeführt.

Zusammenkleben der Motive

Für das Zusammenkleben der Motive eignet sich flüssiger Alleskleber oder ein Klebestift am besten. Die fertigen Motive mit Klebeband am Fenster platzieren.

Gesichter malen

Die Gesichter und weitere Einzelheiten mit Buntstiften und Filzstiften malen. Lichtreflexe mit weißem Gelstift oder weißem Buntstift zeichnen.

Tipp

Um bei gemusterten Tonkartons die Lage der Muster besser kontrollieren zu können, das auf Transparentpapier abgepauste Motiv auf der Rückseite schraffieren. Die schraffierte Seite auf die Vorderseite des Tonkartons legen und die Linien noch einmal nachziehen. Das Motiv ausschneiden.

So gehts

1 Transparentpapier auf das gewünschte Motiv legen und alle Linien mit dem Bleistift nachzeichnen.

2 Das Transparentpapier wenden und auf die Rückseite des gewünschten Tonkartons legen, alle Linien mit Bleistift nachziehen. Die Formen ausschneiden. Für beidseitig gearbeitete Motive werden die meisten Motivteile in doppelter Anzahl benötigt. Mit einer guten Schere lassen sich hier für gleich zwei Lagen des Papiers schneiden.

3 Die Motiveinzelteile der Abbildung und der Vorlage entsprechend zusammenfügen, anschließend zusammenkleben. Die Gesichter und Linien mit schwarzem Filzstift aufmalen. Mit weißem Gelstift Lichtreflexe auf die Augen setzen. Um die Wangen zu betonen, mit einem roten Wachsmalstift oder Buntstift etwas Farbe auftragen.

1

2

3

Eule & Frösche

Material

- Tonkarton in Weiß, Eierschalen, Gelb, Orange, zwei Grüntönen, Blau, Rot, Schwarz
- Motivkarton „Baumrinde"
- Verschiedene Motivkarton- und Wellpappreste, z. B. in Blau mit weißen Röschen, in Rot mit weißen Pünktchen und Regenbogenfarben
- Filzstift in Schwarz
- Gelstift in Weiß
- Buntstift in Rosa

Vorlagen A1 – A3, L3

Motivgröße „Eule": 24 cm

1 Nach der Grundanleitung auf Seite 5 die Einzelteile zuschneiden (Vorlagen A1 – A3). Um die Eule und das Flügelteil (Vorlage A2) aus dem Baumrindenkarton zu schneiden, am besten die Vorlage auf weißes Papier übertragen, dieses auf den Tonkarton legen und beides gleichzeitig ausschneiden.

2 Den Stab der Abbildung entsprechend anbringen. Das helle Bauch- und Augenteil aufkleben, Augen und Schnabel fixieren. Zwei Bücher aufeinander kleben und die Eule darauf platzieren.

3 Die bunten Hosen auf den Froschkörpern (Vorlage A1) fixieren. Die gelben Augen und die Hosenträger aufkleben, ebenso die weißen Unterkieferteile. Die rückwärtigen Augenteile ansetzen. Die Frösche auf zwei Blättern (Vorlage L3) platzieren.

4 Gesichter und Einzelheiten mit den Stiften malen. Einzelne Sterne (Vorlage A3) schmücken den Nachthimmel.

Igel mit Äpfeln

Material

- Tonkarton in Beige, Eierschalen, Hellgrün, Dunkelgrün, Hellbraun, Schwarz
- Regenbogentonkarton
- Tonkarton mit bunten Karos
- Moonrockpapier in Braun
- Nähgarn in Schwarz
- Filzstift in Schwarz
- Gelstift in Weiß
- Wachsmalstift in Rot

Vorlagen B1, B2

Motivgröße: 24 cm

1 Nach der Grundanleitung auf Seite 5 die Einzelteile anfertigen (Vorlagen B1, B2), dabei das Stachelkleid des Igels auf weißes Papier übertragen, auf das Moonrockpapier heften und beides zusammen ausschneiden. Das weiße Papier entfernen. Die untere Armlinie am Körper mit dem Cutter einschneiden und das Stachelkleid fixieren. Nase, Füße und den bunten Schal ankleben.

2 An der Schubkarre den hellen Aufsatz und das Rad fixieren. Die drei dicken Äpfel auf der Rückseite befestigen. Die Stiele und den Wurm platzieren. Auf dem Kopf des Wurmes ein Haarbüschel aus Garn anbringen.

3 Die übrigen Äpfel mit kleinen Büscheln aus Stickgarn als Blüte versehen. Für die angebissenen Äpfel den hellen Karton für die Bissstelle jeweils hinter den Apfel kleben. Die Äpfel mit den Blättern zu zwei Girlanden auffädeln. Mit den Stiften die Gesichter und Einzelheiten malen. Das Wangenrot und die Mundöffnung mit Wachsmalstift auftragen.

Fröhliches Schwein

Material

- Tonkarton in Weiß, Gelb, Hellrosa, Dunkelrosa, Hellgrün, Hellblau
- Wellpappe in Grün
- Tonkarton mit bunten Karos in Blau, Rot
- Transparentpapier „Regentropfen“
- Zierdraht in Gold
- Filzstift in Schwarz
- Gelstift in Weiß
- Buntstift in Rosa

Vorlagen C1 – C3

Motivgröße „Schwein“: 30 cm

1 Nach der Grundanleitung auf Seite 5 die Motiv-Einzelteile anfertigen und zusammensetzen (Vorlagen C1 – C3). Beim Schwein das zweite Hosenbein und die Füße auf der Rückseite der Hose befestigen.

2 Den Arm, das zweite Ohr und den mehrteiligen Schal platzieren. Nase und Ohrinnenteil aufkleben. Den Schirm zusammensetzen und dem Schwein in die Hand geben. Das Schwein auf einer großen Pfütze aus Transparentpapier fixieren. Wasserspritzer aufkleben.

3 Die Würmchen nach den Vorlagen C2 und C3 anfertigen. Fühler aus dünnen Wellpappestreifen ankleben. Für die kleinen Schirme je 9 cm vom Draht abschneiden, ein Ende als Griff umbiegen und jeweils an die Hand der Würmchen kleben, das andere Ende auf der Rückseite der Schirme befestigen. Die kleinen Pfützen platzieren.

4 Gesichter und Einzelheiten mit den Stiften malen.

Eichhörnchen

Material

- Tonkarton in Hautfarbe, Gelb, zwei Grüntönen, drei Brauntönen
- Regenbogentonkarton
- Tonkarton in Blau mit weißen Sternen
- Stickgarn in Schwarz
- Filzstift in Schwarz
- Wachsmalstift in Rot
- Gelstift in Weiß

Vorlagen D1 – D3

Motivgröße: 44 cm

1 Nach der Grundanleitung auf Seite 5 die Einzelteile zuschneiden (Vorlagen D1 – D3) und zusammenkleben, dabei den Schwanz und das Bein des Eichhörnchens auf der Rückseite ansetzen.

2 Den Kopf aufkleben und ein Haarbüschel aus Stickgarn und das zweite Ohr fixieren. Den zweiten Arm nur oben an der Schulter ankleben.

3 Das Eichhörnchen an dem Ast befestigen. Die Nüsse mit dem Grün versehen, zwei an den Baum kleben, die anderen mit Blättern und Sonnenblume zu Einzelelementen zusammenfügen.

4 Gesicht und Einzelheiten mit den Stiften malen.

Kastanienpferd

Material

- Tonkarton in Weiß, Gelb, Eierschalen, Hautfarbe, Braun, Rot
- Tonkarton in Rot mit weißen Sternen
- Regenbogentonkarton
- Stickgarn in Schwarz
- 1 Knopf, 11 mm ∅
- 2 kleine Zweige
- Filzstift in Schwarz
- Gelstift in Weiß
- Wachsmalstift in Rot

Vorlagen E1, E2

Motivgröße: 34 cm

1 Nach der Grundanleitung auf Seite 5 die Einzelteile anfertigen und zusammensetzen (Vorlagen E1, E2). Bei dem Kastanienpferd das Ohr in den Schlitz schieben. Die Zweige als Schwanz befestigen.

2 Beim Wichtel die gestreifte Hose auf der Rückseite ansetzen. Ein paar 1 cm lange Stücke vom Stickgarn als Haare am Kopf befestigen.

3 Das rote Band auf das große Hutteil kleben. Das Hutteil auf dem Kopf fixieren. Den Kopf in den Schlitz der Hutkrempe schieben und festkleben.

4 Den Wichtel auf dem Kastanienpferd so platzieren, dass er sich am Hals mit beiden Armen festhält.

5 Mit den Stiften das Wichtelgesicht und alle Einzelheiten malen. Das Wangenrot mit dem Wachsmalstift aufreiben.

Hexentanz

Material

- Tonkarton in Weiß, Hautfarbe, Gelb, Orange, Grün, Braun, Grau, Schwarz
- Regenbogentonkarton in Herbstfarben
- Tonpapier in Dunkelgrün
- Stickgarn in Schwarz
- Stecknadeln
- Filzstift in Schwarz
- Gelstift in Weiß
- Motivlocher „Stern"
- Locher
- Klebeband

Vorlagen F1 – F4

Motivgröße: 37 cm

1 Für die Blättergirlande einen Streifen Tonpapier, 11,5 x 70 cm, der Vorlage F1 entsprechend wie eine Ziehharmonika falten, Motiv übertragen, alle Lagen mit einem Mal schneiden und auseinander falten. Den Kürbissen das Grün ansetzen, die Linien malen und sie zwischen das Laub der Girlande platzieren.

2 Die anderen Einzelteile (Vorlagen F2 – F4) nach der Grundanleitung auf Seite 5 zuschneiden. Bei den Sonnenblumen (Vorlage F2) das braune Innenteil aufkleben und auf der Rückseite im oberen Drittel eine Stecknadel mit Klebeband befestigen. So können sie an die Gardine gesteckt werden.

3 Die einzelnen Körpersegmente der Hexe nach der Vorlage F3 zusammensetzen. Als Knöpfe zwei Sterne mit dem Motivlocher ausstanzen und auf der Jacke befestigen.

4 Flügel, Beine und Schnäbel auf die Rabenkörper kleben (Vorlage F4). Ein Rabe trägt einen grünen Hut und hält einen Zauberstab mit einem ausgestanzten Stern in der Hand.

5 Gesichter und Einzelheiten mit den Stiften malen. Auf jeder Hand hält die Hexe einen Raben, zwei mit Garn an den Besen hängen. Die Körpersegmente der Hexe mit Garn untereinander hängen und einen Faden als Aufhänger am Hut befestigen. Die übrigen Raben an der Scheibe oder Gardine fixieren.

Bären mit Rübe

Material

- Tonkarton in Beige, Hellbraun, Schwarz
- Regenbogentonkarton
- Tonkarton, kariert
- Tonkarton in Gelb mit weißen Pünktchen
- Zierdraht in Silber, gezackt
- Filzstift in Schwarz
- Gelstift in Weiß
- Buntstift in Rosa

Vorlagen G1, G2

Motivgröße: 32 cm

1 Nach der Grundanleitung auf Seite 5 die Einzelteile zuschneiden (Vorlagen G1, G2). Bei der Rübe das Grün ansetzen und hinter dem Gras mit Blatt platzieren. Dem Bär die Weste, den Arm und den Kopf mit dem Nasenteil aufkleben. Er steht auf der Rübe, das zweite Bein auf der Rückseite befestigen.

2 Beim Kantenhocker-Bär einen gelben Schal und den Kopf mit Nasenteil aufkleben. Körperlinien, Gesichter und Einzelheiten mit dem Filzstift malen. Mit dem Gelstift und den Buntstiften Akzente setzen. Die Laschen am zweiten Bären nach der Vorlage G2 knicken und die Beine ankleben. Das Blatt fixieren.

3 Vom Draht für jeden Bären drei 2,5 cm lange Stücke abschneiden, als Haare auf der Kopfrückseite befestigen und nach vorne biegen.

Material

- Tonkarton in Hautfarbe, Gelb, Grün, Braun, Schwarz
- Regenbogentonkarton
- Tonkarton in Rot-Weiß kariert
- Tonkarton „Swirl" in Rot (Happy Papers)
- Bast

Vorlagen H1 – H3

Motivgröße: 40 cm

Vogelscheuche

1 Nach der Grundanleitung auf Seite 5 die Einzelteile für die Vogelscheuche (Vorlage H1), die Raben (Vorlage H2) und die Kürbisse (Vorlage H3) zuschneiden und zusammensetzen.

2 Den Hut der Vorgelscheuche entlang der markierten Linie einschneiden. Einige Bastfäden als Haare am Kopf befestigen. Den Kopf in den Schlitz am Hut schieben und festkleben.

Bunte Drachen

Material

- Tonkarton in Hautfarbe, Gelb, Rot, Hellblau, Dunkelblau, Grün, Schwarz
- Wellpappe in Grün
- Transparentpapier in Regenbogenfarben
- Regenbogen-Krepp-papier
- Klebepunkte in Schwarz, Rot, 8 cm Ø
- Bast
- Zwirnsfaden in Schwarz
- 2 Schaschlikspieße
- Filzstift in Schwarz
- Gelstift in Weiß
- Wachsmalstift in Rot

Vorlagen J1, J2

Motivgröße: 28 cm

1 Nach der Grundanleitung auf Seite 5 alle Einzelteile zuschneiden und zusammensetzen. Beim Jungen (Vorlage J1) das linke Bein hinter das Hosenbein kleben. Die Linie am Hosensaum einschneiden und das rechte Bein einstecken. Schuhe fixieren. Die zweiteilige Hand ankleben.

2 Für die Frisur am Hinterkopf etwa 5 cm lange Baststücke befestigen und etwa 2 cm lange Stücke auf die Stirn kleben. Zwei rote Klebepunkte als Knöpfe fixieren.

3 Für den großen Drachen (Vorlage J1) zwei Schaschlikspieße mit einem Bastfaden zu einem Kreuz zusammenbinden, die Enden entsprechend der Drachengröße kürzen und aufkleben.

4 Aus dem Krepppapier Quadrate, 5,5 x 5,5 cm, zuschneiden und der Abbildung entsprechend als Schleifen an einen Bastfaden binden. Diesen Schweif am Drachen befestigen. Das eine Ende einer Zwirnschnur dem Jungen in die Hand geben, das andere Ende am Drachen fixieren.

5 Den kleinen Drachen (Vorlage J2) drei Mal, Augen und Nasen in entsprechender Anzahl ausschneiden und zusammenfügen. Klebepunkte als Pupillen aufkleben. Die Drachen mit bunten Schleifen schmücken.

Trauben-Wichtel

Material

- Tonkarton in Hautfarbe, Hellbraun, Schwarz
- Tonkarton „Swirl“ in Grün (Happy Papers)
- Naturpapier in Rot, geprägt, „Rose“ (Mulberry Paper)
- Regenbogentonkarton
- Stickgarn in Gelb
- Filzstift in Schwarz
- Gelstift in Weiß
- Buntstift in Lila
- Wachsmalstift in Rot
- Stecknadeln

Vorlage K

Motivgröße: 37 cm

1 Nach der Grundanleitung auf Seite 5 die Einzelteile anfertigen (Vorlage K). Beim Zusammensetzen des Wichtels den Arm und die Beine auf der Rückseite ankleben, die Hand mit der Traube vorn aufsetzen.

2 Vom Stickgarn 1 cm lange Stücke als Haare abschneiden und aufkleben. Den Kopf in den Schlitz der Hutkrempe schieben. Die Mützenspitze fixieren.

3 Das Fass entlang der markierten Linie mit dem Cutter einschneiden, zwei Trauben, das Traubensaftelement und den Wichtel einschieben und befestigen. Die Kleckse ankleben.

4 Aus den einzelnen Weintrauben und Blättern eine große und drei kleine Trauben zusammensetzen. Die große Traube auf dem Fensterbild platzieren.

5 Auf der Rückseite der kleinen Trauben jeweils eine Stecknadel befestigen und an die Gardine stecken. Die einzelnen Blätter rund um das Fensterbild fixieren.

Lustige Mäuse

Material

- Tonkarton in Rot, zwei Grüntönen, Grau, Braun
- Regenbogentonkarton
- Filzstift in Schwarz
- Gelstift in Weiß
- Buntstift in Rosa
- Stecknadeln

Vorlagen L1 – L3

Motivgröße: 28 cm

1 Nach der Grundanleitung auf Seite 5 die Einzelteile zuschneiden (Vorlagen L1 – L3). Den Mäusen Gesichter mit den Stiften aufmalen. Ohrinnenfläche und Lichtreflexe andeuten.

2 Für die Kantenhocker-Mäuse die Kästchen an den gestrichelten Linien falten und zusammenkleben. Je eine Schmalseite mit der unteren Kante bündig auf die Mäusekörper kleben, auf die vorderen Schmalseiten die Köpfe setzen.

3 Das Fensterbild laut Vorlage zusammenfügen. Aus jeweils acht Kreisen zwei Trauben zusammenkleben und an den Zweig hängen. Einzelheiten mit den Stiften aufmalen.

4 Den Blättern Adern malen. Fünf Blätter (Vorlage L3) zu einer Eckgirlande zusammenfügen. Den übrigen Blättern auf der Rückseite im oberen Drittel mit Klebeband eine Stecknadel ankleben. So können diese an die Gardine gesteckt werden.

Kürbismännchen

Material

- Tonkarton in Weiß, Grau, Braun, Schwarz
- Regenbogentonkarton
- Transparentpapier „Feuer", „Regenbogen"
- Stickgarn in Schwarz
- 4 Halbperlen in Schwarz, 12 mm ∅

- 1 Pfeifenreiniger in Grün
- 2 Knöpfe, 11 mm ∅
- Filzstift in Schwarz
- Gelstift in Weiß

Vorlagen M1 – M3

Motivgröße „Kürbis": 33 cm

1 Nach der Grundanleitung auf Seite 5 die Einzelteile zuschneiden (Vorlagen M1 – M3). Beim Kürbiskopf Augen, Nase und Mund mit dem Cutter herausschneiden und mit Transparentpapier hinterkleben. Den Kopf mit dem Hals und zwei Blättern am Körper befestigen. Schuhe und übrige Blätter platzieren.

2 Mit dem Cutter an den markierten Stellen die Schlitze für die Arme schneiden. Einen Pfeifenreiniger in der Mitte durchschneiden, jeweils doppelt legen, in sich verdrehen und als Arme in die Schlitze kleben.

3 Die Handschuhe mit dem Cutter einschneiden und auf die Enden der Arme stecken. In einer Hand hält der Kürbismann die Kerze. Auf diese Hand das Fingerteil aufkleben. Die Knöpfe fixieren.

4 Die schlafende Fledermaus nach der Vorlage M2 zusammenfügen und an den Ast hängen. Bei den anderen Fledermäusen (Vorlage M3) etwa 4 cm lange Stickgarn-Stücke als Beine an den Körper knoten. Die Enden verknoten und die Halbperlen als Füße ankleben.

5 Die Köpfe und die Flügel an den Körpern fixieren. Die Gesichter und Einzelheiten mit dem Filzstift zeichnen, Akzente mit dem Gelstift setzen.

Gespensterburg

Material

- Tonkarton in Weiß, Gelb, Grau, Braun
- Leuchtpapier
- Transparentpapier „Fledermäuse“
- Schleifenband, kariert, 0,5 cm breit, 100 cm
- Filzstift in Schwarz
- 1 kleine Lichterkette
- Motivlocher „Stern“

Vorlagen N1 – N3

Motivgröße „Burg“: 24 cm hoch

1 Nach der Grundanleitung auf Seite 5 die Einzelteile zuschneiden (Vorlagen N1 – N3). Bei den Gespenstern die Gesichter malen und vom Schleifenband jeweils eine Schleife um den Hals oder ins Haar binden. Sterne mit dem Motivlocher aus dem Leuchtpapier stanzen und die Gespenster dekorieren. Die zwei Teile des Mondes zusammenfügen.

3 Aus den einzelnen Teilen der Burg die Fenster herausschneiden. Fenster und Tore mit Transparentpapier hinterkleben. Fensterumrandungen und einzelne Steinelemente aus braunem Tonkarton schneiden, aufkleben und mit Stiften Einzelheiten aufmalen.

4 Die Burg entlang der gestrichelten Linie leicht in Ziehharmonikaform knicken. Zwei Stücke von 5 cm mal 5 cm aus Tonkarton schneiden, pro Tonkartonstück zwei gegenüber liegende Seiten jeweils 1,5 cm hoch falten (Klebelasche) und als Abstandhalter zwischen Burg und Turm kleben. Die Lichterkette hinter der Burg sorgt für geheimnisvolle Stimmung.

Impressum

ISBN 3-419-56552-6

Lektorat:
Gisa Windhüfel, Freiburg

Styling und Fotos:
Georg Schweiger, Hohberg-Hofweier

Layoutentwurf:
Network!, München

Gesamtproduktion:
smp, Freiburg

Satz:
Gisa Bonfig, Freiburg

Druck:
Freiburger Graphische Betriebe

Wir sind für Sie da, wenn Sie Fragen haben.
Und wir interessieren uns für Ihre eigenen Ideen und Anregungen.
Schreiben Sie uns, wir hören gern von Ihnen!
Ihr Christophorus-Team

Christophorus-Verlag GmbH
Hermann-Herder-Str. 4
79104 Freiburg
Tel.: 0761/2717-0
Fax: 0761/2717-352
e-mail:
info@christophorus-verlag.de

www.christophorus-verlag.de

Weitere Titel aus dieser Reihe

3-419-56384-1

3-419-56453-8

3-419-56457-0

3-419-56456-2

3-419-56459-7

3-419-56320-5